Bienen, Honig, Imker

und Poesie

Blütenlese deutschsprachiger Gedichte

AF176213

Bienen, Honig, Imker und Poesie

und Poesie

Blütenlese deutschsprachiger Gedichte

**Die Rechtschreibung in den Gedichten
folgt dem jeweiligen Original.**

Bibliografische Information der Deutschen Nationalbibliothek:
Die Deutsche Nationalbibliothek verzeichnet diese Publikation
in der Deutschen Nationalbibliografie; detaillierte
bibliografische Daten sind im Internet über http://dnb.dnb.de
abrufbar.

© 2022 Matthias Adler-Drews (Herausgeber)

Herstellung und Verlag: BoD – Books on Demand,
Norderstedt

ISBN: 978-3-7557-0936-7

Die Küsse

Cupido raubt einmahl den Bienen ihren Safft
Und ward dabey verlezt. Er trug voll Zorn und
　Rache
Den angenehmen Raub auff meiner Fillis Mund
Sprach: Daß die Welt niemahls vergesse dieser Sache
So schmecke wer dich küßt des Honigs süsse Krafft
Und werde gleich wie ich doch an dem Hertzen
　wund!

Hans Aßmann von Abschatz

Ein Bienen-Stock mit aus- und einfliegenden Bienen

Non nobis solum.

Die Biene sucht nicht ihr den Honig nur allein:
Manch Mensch und Thier pflegt Gast bey ihrer Kost
   zu seyn.
Wer andern nicht zu Nutz anwendet seine Gaben
Muß einen Stachel nur und keinen Honig haben.

Hans Aßmann von Abschatz

Arbeiterinnen der Senne

Im kurzen Linnenkleide,
Das Haar zerzaust vom Wind,
Irrt baarfuß durch die Haide
Der Senne braunes Kind.

Halb los die blonden Flechten
Und Stirn und Arme bloß,
Den Korb in seiner Rechten –
Ein echter Haidesproß!

Indeß die dunklen Föhren
Der Morgenwind durchstreift,
Sucht's emsiglich die Beeren,
Die der August gereift.

Die Beeren am Gesträuche,
Nicht für der Mutter Tisch;
Für Städter und für Reiche,
So ladend roth und frisch.

Und an derselben Stelle
Da sammelt auch zugleich
Das Bienlein, sein Geselle,
Im blühenden Gesträuch

Den Blüthenstaub, den schweren,
den süßen Honigseim;
Doch gleich des Mägdleins Beeren,
Nicht für das eigne Heim.

So ziehen sie von hinnen,
Ob lang der Tag und heiß,
Die beiden Sammlerinnen,
Mit unverdroßnem Fleiß.

Rings glänzt im Blüthenprangen
Die Senne weit und breit;
Braun wie des Mädchens Wangen
Ihr prächtig Sommerkleid.

Glühn dann im Abendlichte,
Bewegt von keinem Hauch,
Die schlanke Birk' und Fichte
Und der Wachholderstrauch:

Dann heimwärts mit den Gaben
Der Haide ziehn beschwert,
Das Bienlein zu den Waben,
Das Mägdelein zum Herd.

Ludwig Altenbernd

Die Biene und der Lenz

Ziehst du dein goldnes Röckchen an?
Die goldnen Stiefeln auch?
O Bienchen, Vöglein wohlgemut
Mit leichtem Sinn und leichtem Blut,
Was locket dich das Sonnenlicht?
Was lockt dich Blütenhauch?

Was summst du lustig hin und her,
Hast nie des Spiels genug?
Der Lenz ist kurz, du süßes Kind,
Dich faßt der Strom, dich nimmt der Wind,
Dich bringet um den Blütenraub
Der Menschen List und Trug.

Wohl zieh ich an den goldnen Rock
Und kleid' in Gold den Fuß,
Leicht ist mein Blut und leicht mein Sinn,
In Freuden ich geboren bin;
Drum locket mich das Sonnenlicht
Und Blumenliebesgruß.

Der Lenz ist kurz, das Leben schnell,
Drum flieg' ich schnell dahin;
Mein Frühlingsschein, mein Blumenreich,
In jedem Kelch mein Bettchen weich,
Auf jeder Flur mein Leben bunt –
Drob trag' ich frohen Sinn.

O Bienchen, Vöglein wohlgemut,
O süßes Frühlingskind!
Horch', horch', wie klagt die Nachtigall
Im Erlenbusch mit Trauerschall!
Auch sie im Lenz geboren ist,
Doch nur auf Trauern sinnt.

Wohl höre ich die Nachtigall,
Ihr Klagen fromm und still;
Sie ist die schmerzenreiche Frau,
Ihr Trauerkleid ist dunkelgrau;
Doch sprich, warum ich trauern soll,
Weil sie nicht froh sein will?

Schau' her, wie bebet Strauch und Laub
Im jungen Sonnenschein!
Wie küssen sich die Blumen lieb!
Und rufen: Kleiner Honigdieb,
Komm, sammle Blumenliebeskost!
Denn dieser Lenz ist dein.

O Vöglein, Vöglein wohlgemut,
Mit goldnem Flügelpaar!
O leichtes Leben frommer Brust!
Zieh mich zum Lenz, zu seiner Lust,
Und mache mir mit Liebesglanz
Die trüben Augen klar.

Ernst Moritz Arndt

Bienenlied

Ein Liedlein will ich singen,
Vom Honigvögelein,
Die hin und her sich schwingen,
Wo bunte Blumen seyn.
Das Völklein in dem Grünen,
Es schmauset auf der Weid,
Ich singe von den Bienen,
Auf dieser freien Haid.

Der Winter hält gefangen
Das zarte Jungfernvolk,
Bis daß der Schnee vergangen,
Frost, Schauer, Nebelwolk.
Und wann die Weste stimmen,
Nach linder Lenzen Art,
So machen sich die Immen
Auf ihre Blumenfahrt.

Sie ziehen mit der Trummel,
Der Stachel weist das Schwerdt;
Ihr Brummel und Gehummel
Hat niemand noch gefährdt.
Sie nehmen sonder Morden
Den zarten Blumenraub,
Und ihre Beut ist worden
Der Baum und Blüthen Laub.

Wie sie die Wachsburg bauen,
Aus güldnem Pergament,
Kann niemand nicht beschauen,
Ja keines Künstlers Händ
Hat man so sehr bewundert,
Die Zimmerchen so gleich,
Sechseckigt ist gesondert
Das Honigkönigreich.

Man sieht sie friedlich leben
Ohn Eigennutz und Streit,
In steter Mühe weben,
Zu Lenz und Winterszeit;
Sie pflegen einzutragen
Der Blumen Saft und Thau,
Und führen mit Behagen
Gesammt den Zuckerbau.

Achim von Arnim

Imme

Das Honigsüße Immelein sich spät und früh
  bemüht,
Es sitzt auf allen Blümelein, versuchet alle Blüth,
Sehr emsig fliegts herummer, trägt ein mit großem
  Fleiß,
Und sucht den ganzen Sommer, auch für den Winter
  Speiß.

Achim von Arnim

Jesus, der geistliche Immen-König

Liebster Jesu, sey willkommen,
Du verlangtes Heil der Frommen,
Hochgewünschter Gast der Erd!
Du kamst in diß Elendleben,
Uns ein bässers dort zu geben,
Suchtest die verlohrne Heerd.
Nochmals, Jesu, sey willkommen,
Der du kommst zu unsrem Frommen.

Sey willkommen, Arzt der Sünder,
Schlangentretter, Noht-entbinder!
Eva sah den Mann, den Herrn,
Itzt aus ihrer Tochter zweigen;
Nun mag alle Fehde schweigen,
Weil uns grüst der Friedenstern.
Jesu, ja, sey uns willkommen,
Der du uns dem Tod genommen.

Frieden bringest du der Erden.
Daß wir Gottes Kinder werden,
Wurdest du ein Menschenkind.
Meine Seel nennt dich ihr Manna,
Singt dir manches Hosianna,
Ist in deiner Lieb entzündt.
Sey mir noch einmal willkommen,
Jesu, Herzog aller Frommen.

Sey willkommen, Seelen-König,
Unsrer Herzen Zucker-hönig!
Einen Waisel nenn ich dich,
Dem folgt manches tausend Bienen,
Alle färtig, ihm zudienen.
Dir zu dienen komm auch ich:
Ich will, bring ich keine Palmen,
Ehren dich mit Lobespsalmen.

Du kommst ohne Stachel, gütig,
Du kommst freundlich und sanftmütig:
Solten wir nit frölich seyn?
Jesu, komm, nimm eine Stelle,
Hier ist meine Hertzenszelle:
Komme ja und sitz darein.
Weicht, ihr Höllenhummeln, fliehet!
Weichet! Jesus hier einziehet.

Sigmund von Birken

Am Fenster eines Wirtshauses am Steinhuder Meer

Auf dem Nachhausewege 1945

Die Apfelblüten tun sich langsam zu
beim Abendvers der süßen Vogelkehle.
Die Frösche sammeln sich am Fuß des Stegs.
Die Biene summt den Tag zur Ruh –
nur meine Seele
ist noch unterwegs.

Die Straße sehnt sich nach der nahen Stadt,
wo in der Nacht das Leben weiterglimmt,
weil hier noch Herzen schlagen.
Wer jetzt noch kein Zuhause hat,
wenn ihn die Nacht gefangen nimmt,
der muss noch lange fragen:
Warum die Blumen leidlos sind –
warum die Vögel niemals weinen –
und ob der Mond wohl auch so müde ist –

Und dann erbarmt sich leis ein Wind des einen,
bis er –im Schlaf– die Welt vergisst.

Wolfgang Borchert

Die Lilie blüht

Die Lilie blüht, ich bin die fromme Biene,
Die in der Blätter keuschen Busen sinkt,
Und süßen Tau und milden Honig trinkt,
Doch lebt ihr Glanz, und bleibet ewig grüne
So dann selig mein Gemüt
Weil meine Lilie blüht!

Die Lilie blüht, Gott, laß den Schein verziehn,
Damit die Zeit des Sommers langsam geht,
Und weder Frost noch andre Not entsteht,
So wird mein Glück in dieser Lilie blühn,
So klingt mein süßes Freudenlied:
Ach, meine Lilie blüht!

Clemens Brentano

Die Rose blüht

Die Rose blüht; schloß gleich ein rauher Wind,
Als sie der goldnen Imme sich erschlossen,
Der Liebe arglos offnen Kelch geschwind,
Hat doch der Haß nicht Gift hineingegossen!
Sie schloß gleich einem bangen, zarten Kind
Die Augen, bis die Zornflut abgeflossen;
Vielleicht schloß sie in brünstigem Verlangen
Sich nur so schnell, die Biene einzufangen?

Die Rose blüht, die Biene ist entflohn,
Aufs neue muß sie mit den Frühlingsglocken
Des Zornes Stachel führnden, goldnen Sohn
In ihres Duftes keuschen Busen locken;
Ihr süß'ster Tau, kehrt er, wird ihm zum Lohn;
O kehr, mein Bienlein, sei nicht so erschrocken!
Zum Garten sieht mein Fenster, dorten wohn' ich.
Komm, liebe Imme, sammle Wachs und Honig!

Die Rose blüht; wenn alle Vöglein schlafen,
Wenn nieder hintern Wald die Sonne flieht,
Wenn treu der Mond mit seinen Wolkenschafen
An deiner Rose Stand vorüberzieht,
Zur Stunde, als Imeldens Töne trafen
Ein liebes Herz durch ein unschuldig Lied,
Da will am Fenster nieder zu dem Garten
Die Rose auf die fromme Biene warten.

Die Rose blüht; o fliehe, Licht der Sonnen,
O führe, Mond, die Sternenherde bald
Zum stillen, vollen, goldnen Mondesbronnen,
Streu aus den sichren Schatten, dunkler Wald,
Und bleiche, Mond, was Liebe hat gesponnen!
Doch mit Musik, die anderswo erschallt,
Mag Amor all die Schmetterlinge irren,
Die lauschend gern die Rose dir umschwirren.

Die Rose blüht, der Zorn ist voll Verderben!
Wer, Zorn, gerät in deine finstre Haft,
Der mordet, martert, tötet ohne Sterben
Und hat der bittren Hölle Eigenschaft!
O Liebe, wer die Einsicht dürft' erwerben
Von deiner Gottestiefe Wunderkraft!
O Liebe, wer, ein Tröpflein, sich verlöre
In deines Segens weltumspielndem Meere!

Clemens Brentano

Die Rose blüht, ich bin die fromme Biene

Die Rose blüht, ich bin die fromme Biene,
Die in der Blätter keuschen Busen sinkt,
Und milden Tau und süßen Honig trinkt,
Doch lebt ihr Glanz und bleibet ewig grüne.
So singt mein tiefstes Freudenlied,
Ach meine Rose blüht!

Die Rose blüht, o Sonnenschein verziehe,
Daß lange noch der liebe Sommer währt,
Und mir kein Sturm die süße Lust versehrt,
Daß all mein Heil aus dieser Rose blühe
So freut sich innig mein Gemüt,
Weil meine Rose blüht!

Die Rose blüht, und lacht vor andern Rosen,
Mit solcher Huld, und Liebesmildigkeit,
Daß gern mein Sinn sich zu der Pflicht erbeut,
Mit andern Blumen nie mehr liebzukosen,
Weil alle Liebe, die erglüht,
Aus dir du Rose blüht!

Clemens Brentano

Singet leise, leise, leise

Singet leise, leise, leise,
singt ein flüsternd Wiegenlied;
von dem Monde lernt die Weise,
der so still am Himmel zieht.

Singt ein Lied so süß gelinde,
wie die Quellen auf den Kieseln,
wie die Bienen um die Linde
summen, murmeln, flüstern, rieseln.

Clemens Brentano

Die Bienen

Indem ich jüngst vergnüget und allein
Bey einem Apfel-Baum' in voller Blühte,
Der angestralet war vom hellen Sonnen-Schein,
Voll fröhlicher Betrachtung stand,
Und mein gerühretes Gemüte
Zu Gottes Ruhm darin so manchen Vorwurf fand;
Ward ich zugleich auf ungezählten Zweigen,
Die durch der Bluhmen Meng' und Last sich
   gleichsam beugen,
Von Bienen eine ganze Schar,
Voll munt'rer Emsigkeit, gewahr.
Ich sah und hörte sie mit innigem Vergnügen
Und lieblichem Gemurmel fliegen.
Ich sah sie, theils um sich zu tränken,
Theils Honig und theils Wachs heraus zu ziehn,
In jede Blüht mit emsigem Bemühn
Die kleinen rauhen Häupter senken.
Ich sah, wie sie die süsse Last,
So bald sie etwas aufgefasst,
Indem sie in der Luft mit frohem sumsen
   schwebten,
An ihre Füsse künstlich klebten.
O wunderbarer Gott! fing ich vor Freuden an,
O wunderbarer Gott! wer lebt auf dieser Erden,
Der Deine weise Macht begreifen kann?
Die kleinste Creatur erhebt des Schöpfers Preis,
Ein fliegend Würmgen zeigt Witz, Vorsicht, Kunst
   und Fleiß.

Es hat kein Sterblicher bishero noch entdecket,
Was für ein Wunderwerk in einer Biene stecket.
Kein Mensch vermag so, wie die kleine Bien',
Aus Bluhmen Honigseim zu ziehn.
Wir wüsten nicht einmal ohn' ihre Lehre,
Daß in den Bluhmen Honig wäre.

Mein Gott! ach laß das Heer der kleinen Bienen
Mir doch zu einem Lehr-Bild dienen!
Laß mein betrachtendes Gemüte
Doch auch, wie sie, aus jeder Blühte,
Durch die darauf mit Ernst gewandten Augen,
Der wahren Andacht Honig saugen!
Laß meine Sele sich, o Gott! zu Deinen Ehren
In jeder Bluhme holden Pracht
An Deiner Weisheit, Lieb' und Macht,
Mit fröhlichen Gedanken nähren!

Barthold Heinrich Brockes

An die Bienen

Wollt ihr wissen, holde Bienen,
Die ihr süße Beute liebt,
Wo es mehr, als hier im Grünen,
Honigreiche Blumen gibt?
Statt die tausend auszunippen,
Die euch Florens Milde beut,
Saugt aus Amaryllis' Lippen
Aller tausend Süßigkeit.

Florens schöne Kinder rötet
Nur der Frühlingssonne Licht;
Amaryllis' Blumen tötet
Auch der strenge Winter nicht.
Kurze Labung nur gewähret,
Was die Tochter Florens beut;
Aber kein Genuß verzehret Amaryllis' Süßigkeit.

Eins, nur eins sei euch geklaget!
Eh ihr auf dies Purpurrot
Eure seidnen Flügel waget,
Hört, ihr Lieben, was euch droht!
Ach, ein heißer Kuß hat neulich
Die Gefahr mir kund gemacht.
Nehmt die Flügel,
warn' ich treulich,
Ja vor dieser Glut in acht!

Gottfried August Bürger

Morgenzeit

Seid mir gegrüßt ihr lieben Bienen,
Vom Morgenstrahl beschienen!
Wie fliegt ihr munter ein und aus
In Imker Dralles Bienenhaus
Und seid zu dieser Morgenzeit
So früh schon voller Tätigkeit.

Wilhelm Busch

Verlust der Ähnlichkeit

Man sagt ein Schnäpschen, insofern
es kräftig ist, hat jeder gern.

Ganz anders denkt das Volk der Bienen,
der Süffel ist verhaßt bei ihnen,
sein Wohlgeruch tut ihnen weh.
Sie trinken nichts wie Blütentee,
und wenn wer kommt, der Schnäpse trank,
gleich ziehen sie den Stachel blank.

Letzthin hat einem Bienenstöckel
der brave alte Schneider Böckel,
der nicht mehr nüchtern in der Tat,
aus Neubegierde sich genaht.
Sofort von einem regen Leben
sieht Meister Böckel sich umgeben.

Es dringen giftgetränkte Pfeile
in seine nackten Körperteile,
Ja manche selbst durch die nur lose
und leicht gewirkte Sommerhose,
besonders, weil sie stramm gespannt.
Zum Glück ist Böckel kriegsgewandt.

Er zieht sich kämpfend wie ein Held
zurück ins hohe Erbsenfeld.
Hier hat er Zeit, an vielen Stellen
des Leibes merklich anzuschwellen,

und als er wiederum erscheint,
erkennt ihn kaum sein bester Freund.

Natürlich, denn bei solchem Streit
verliert man seine Ähnlichkeit.

Wilhelm Busch

Der Wanderer und die Biene

Wanderer:

Flieg' an jener Blum' vorüber,
Giftig ist sie, gutes Thier!

Biene:

Nur den Nektar saug' ich, Lieber!
Und das Gift'ge lass' ich ihr.

Ignaz Franz Castelli

Die Rose und die Biene

Ein Röslein empfing eine Bien' mit Vertrauen,
Versprach von dem Kosen sich süße Lust;
Doch bald fühlt den Stachel sie in der Brust. —
Gott Amor ist so wie die Bienen, ihr Frauen!

Ignaz Franz Castelli

Die Biene

Wohl uns des Königs, den wir han!
Er ist ein gut Regent und Mann,
Und er hat keinen Stachel.

Matthias Claudius

Die Biene

O Biene, stichst du Doris Brust,
Den Sitz des Reizes und der Lust?
Willst du vielleicht die Spröde stechen,
Um meine Qual an sie zu rächen?
Doch nein ich seh, du willst durch Doris Hand
    verderben
Und glücklicher als ich auf ihrem Busen sterben.

Johann Joachim Ewald

Bienchen summ herum

Summ, summ, summ,
Bienchen summ herum!
Ei wir tun Dir nichts zu Leide,
Flieg nur aus in Wald und Heide!
Summ, summ, summ,
Bienchen summ herum!

Summ, summ, summ,
Bienchen summ herum!
Such in Blumen, such in Blümchen!
Dir ein Tröpfchen, dir ein Krümchen.
Summ, summ, summ,
Bienchen summ herum!

Summ, summ, summ,
Bienchen summ herum!
Kehre heim mit reicher Habe,
Bau uns manche volle Wabe,
Summ, summ, summ,
Bienchen summ herum!

Summ, summ, summ,
Bienchen summ herum!
Bei den heil'gen Christgeschenken
Wollen wir auch Dein gedenken.
Summ, summ, summ,
Bienchen summ herum!

Summm, summ, summ,
Bienchen summ herum!
Mit dem Wachsstock dann wir suchen
Pfeffernüss' und Honigkuchen.
Summm, summ, summ,
Bienchen summ herum!

Hoffmann von Fallersleben

Bienenleben

Lustig ist das Bienenleben!
Lustig in dem Sonnenschein
Um die duft'gen Bäume schweben,
Kosten edlen Blüthenwein!

Alles horchet, wenn sie summen
In die Sommerwelt hinein,
Ja die Lüfte selbst verstummen,
Lauschen ihren Melodei'n.

Bei der ersten Morgenhelle
Sind sie munter und bereit,
Sie verlassen ihre Zelle,
Und kein Weg ist je zu weit.

Darum will der Sommer ihnen
Lohnen auch ihr heißes Müh'n,
Lässet für die lieben Bienen
Seine bunten Blumen blüh'n.

Hoffmann von Fallersleben

Bienenlos

Wir geben und der König nimmt,
Wird sind zum Geben nur bestimmt,
Wir sind nichts weiter als die Bienen,
Arbeiten müssen wir und dienen.

Und statt des Stachels gab Natur
Uns eine stumpfe Zunge nur,
Die dürfen wir nie unsertwegen
Und nur im Dienst des Königs regen.

Hoffmann von Fallersleben

Die Glockenblumen läuten

Die Glockenblumen läuten gar fein,
Das hallet weit in das Dorf hinein:
Bim bam! bim bam!
Es hören die Bienen überall,
Sie machen sich auf und folgen dem Hall:
Bim bam! bim bam!

Es sind im Morgensonnenschein
Erblüht die lieben Blümelein.
Die Bienen kommen und schlüpfen hinein
Und holen den süßen Blüthenwein.

Doch als die Sonne scheiden will,
Da schweigen die Glockenblumen still.
Die Bienen danken für bim bam bum
Und fliegen heim mit Sang und Summ:
Bim bam! bim bam bum!

Hoffmann von Fallersleben

Du kriegst ihn nicht!

Du kriegst ihn nicht! Du kriegst ihn nicht!
Sei still, daß ich nicht zanke!
Der Honig ist für Kranke,
Wenn sie's im Halse sticht.
Du, Gott sei Dank!
Du bist nicht krank,
Du kriegst ihn nicht! Du kriegst ihn nicht!

»Erbarme dich, erbarme dich!
Laß mich nicht länger flehen,
Laß mich den Topf nur sehen!
Ach Gott, wie sticht es mich!
Es sticht mich sehr
Im Hals' umher –
Erbarme dich, erbarme dich!«

Du kriegst ihn nicht! Du kriegst ihn nicht!
»Laß mich nur etwas schlecken,
Ein ganz klein wenig lecken,
Weil's mich im Hals so sticht.
Wozu das Wort
Denn immerfort:
Du kriegst ihn nicht! Du kriegst ihn nicht!«

Du kriegst ihn nicht! Du kriegst ihn nicht!
»Ach, Mutter, hol' das Töpflein!
Gieb mir ein einzig Tröpflein!
Weil mir das Herz sonst bricht.

Bring Honig her
Und sag' nicht mehr:
Du kriegst ihn nicht! Du kriegst ihn nicht!«

Du kriegst ihn nicht! Du kriegst ihn nicht!
Du wirst noch viel begehren
Und wirst noch viel entbehren,
Und was die Mutter spricht,
Nach manchem Jahr
Wird's erst dir klar –
Vergiß es nicht! – Du kriegst ihn nicht!

Hoffmann von Fallersleben

Es waren einmal zwei Drohnen

Es waren einmal zwei Drohnen,
die wollten nicht werken und frohnen.
Sie quälten beide sich
um Nahrung gar nicht sehr.
Der eine tat gar nichts,
der andere nicht mehr.

Da sprach der eine zum andern:
Beschwerlich ist das Wandern.
Ich weiß ein schönes Haus
mit Speis' und Trank vollauf.
Komm, laß uns dahin richten
fein eilig unseren Lauf.

Es sollen uns die Bienen
das Brot schon mit verdienen.
Und lassen sie uns nicht
gutwillig in das Haus,
so stürmen wir hinein
und jagen sie hinaus.

Kaum war die Nacht gewichen,
so kamen die Drohnen geschlichen.
Sie klopften nicht erst an;
sie zogen keck hinein;
man hieß die stolzen Gäste
ganz gottwillkommen sein.

Da lebten in Saus und Brause
die Drohnen in dem Hause.
Sie aßen, tranken dort
den ganzen lieben Tag;
sie tranken und sie aßen,
was jeder nur vermag.

Die Bienen darob sich beklagten
und endlich die Gäste fragten:
Ihr Drohnen wollt nichts tun –
sagt an, was fällt euch ein?
In unserm Staate hier
muß jeder tätig sein.

Da sprachen die Drohnen zu ihnen:
Ihr lieben, guten Bienen!
Altadelig sind wir,
ein freigeboren Geschlecht;
daß ihr uns müßt ernähren,
das ist ja unser Recht.

Die adeligen Drohnen,
sie wollten nicht werken und frohnen,
sie lebten nach wie vor
in kummerloser Ruh´.
Sie wurden immer mehr,
und schmausten immerzu.

Das hat denn die Bienen verdrossen,
und sie haben einen Bund geschlossen.
Da war die Sache bald und gründlich abgemacht:
sie schlugen eines Tages
die große Drohnenschlacht.

Hoffmann von Fallersleben

Guter Vorsatz

Wipp wipp wipp wipp wipp wipp! Fischlein
Spielet so munter und so frisch.
Wipp wipp wipp wipp wipp wipp! wär' ich
Frisch wie der Fisch!
Wär' ich doch allezeit so frisch,
Ebenso munter wie der Fisch!
Wipp wipp wipp wipp wipp wipp! Fischlein
Spielet so frisch.

Husch husch husch husch husch husch! Vöglein
Hüpfet so flink von Strauch zu Strauch.
Husch husch husch husch husch husch! wär' ich
So flink doch auch!
Wär' ich so flink und lustig auch
Stets wie der Vogel in dem Strauch!
Husch husch husch husch husch husch! Vöglein
Hüpft flink im Strauch.

Summ summ summ summ summ summ! Bienlein
Summt so zufrieden und so froh.
Summ summ summ summ summ summ! wär' ich
Auch ebenso!
Wär' ich zufrieden auch und froh
Eben wie's Bienlein, ebenso!
Summ summ summ summ summ summ! Bienlein
Summet so froh.

So so so so so so will ich
Auch sein, so froh und flink und frisch
Wie die Biene, wie das Vöglein
Und wie der Fisch!
Immer wie Biene, Vogel, Fisch,
Immer so froh und flink und frisch!
So so so so so so will ich
Froh sein und frisch!

Hoffmann von Fallersleben

Honigernte

Laßt euch nicht länger bitten!
Es giebt gar süßen Schmaus;
Der Honig wird geschnitten!
Hinaus, aufs Dorf hinaus!

Wie hell doch aus den Waben
Der süße Honig fließt!
Der Anblick schon muß laben,
Noch eh' der Gaum genießt.

Nun läßt sich leicht erklären,
Warum man gern ihn schleckt,
Und auch warum den Bären
So gut der Honig schmeckt.

Hoffmann von Fallersleben

Im Garten

Wenn wir im Garten spazieren gehn,
Da gibt's zu hören gar viel und zu sehn,
Da hören wir die Hummeln brummen
Und hören die lieben Bienen summen,
Und sehen, wie sie eilig wandern
Von einer Blume zu der andern,
Und wie sie sich holen den schönsten Raub,
Den Blüthenwein und Blumenstaub.
Gott mög' euch fleißigen Bienen verleihn
Stets milde Luft und Sonnenschein
Und Blümelein von den schönsten Arten
Auf allen euren Wanderfahrten!

Hoffmann von Fallersleben

Laß das Necken!

Hornissen, Wespen und Hummeln,
Wo die herum sich tummeln,
Da laß du das Necken
Mit Gerten und Stecken,
Und wenn sie Pflaumen und Trauben
Benaschen auch und beklauben
Und Honig den Bienen rauben,
Sie können sich rächen
Und können dich stechen.
Laß drum herum sich tummeln
Und summen
Und brummen
Hornissen, Wespen und Hummeln!

Hoffmann von Fallersleben

Schimpfe nicht

Wenn hier Dich eine Biene sticht,
so gehe fort und schimpfe nicht.
Bedenke, dass nur Du es bist,
der störend hier im Wege ist.

Hoffmann von Fallersleben

Zum Honigschmaus

Nun laßt uns geh'n aufs Dorf hinaus
Zum Honigtrank und Honigschmaus!

Das ist der Bienenväter Brauch,
Sie halten ihre Kirmeß auch.

Sobald der Honig das Jahr geräth,
Verkaufen sie Honigseim und Meth.

Wie sind wir froh und wohlgemuth!
Wie schmeckt's uns Allen doch so gut!

Und wenn wir mit Schmausen fertig sind,
Und wißt ihr, was man dann beginnt?

Dann wird sofort Musik gemacht,
Und tüchtig getanzt, gescherzt und gelacht.

Und singend gehen wir endlich heim
Mit einem Topf voll Honigseim.

Hoffmann von Fallersleben

Die Bienenschlacht

Nur kein Gegrübel,
Was es sei;
Wohl oder übel –
Der Scherz ist frei

Die Wespen und die Bienen
Sie haben sich entzweit,
Wie Guelphen und Ghibellinen
Stehen sie im Streit,
Parthei nimmt Hummel und Käfer,
Und selbst der Blumen-Elf,
Es flüstern die Lilienschläfer:
»Hie Waibling und hie Welf!«

Die Bienen halten sich wacker,
Doch ach, trotz Wall und Thurm,
Den Schoten- und Bohnen-Acker
Nahm der Feind im Sturm;
Schon um die heimische Linde,
Wie um Herd und Haus,
Sammelt das Bienen-Gesinde
Sich zum letzten Strauß.

Eine (sie stund auf Wache,
Und das Weinen war ihr nah)
Schwur: »eine herrliche Sache
Sei dies mori pro patria!

Daß ihr Stand so ein harter
Freue sie nur zu sehn,
Wie die dreihundert Sparter
Würden sie untergehn.«

Sprach da eine Zweite:
»Wohl, sie stimme dem bei,
Daß zu fallen im Streite
Ein Vergnügen sei;
Nur sie wäre verwundert,
Daß man auf Sparta säh',
Pforzheim und seine Vierhundert
Hätte man ja in der Näh'.«

Sprach es. Die Anderen alle,
Immer gesinnungsvoll,
Klatschten in diesem Falle
Geradezu wie toll; –
Siehe! da schwarz am Himmel,
Wie Heuschreckenzug,
Nahet das Wespengewimmel
Sich im Siegesflug.

Solche Schwärme und Flüge
Nimmer der Garten sah,
Wahre Hunnenzüge
Sind es des Attila.
Gierig nach Blut und Morden
Stürmen sie heran,

Wie die Mongolenhorden
Unter Dschingiskhan.

Bald in gebogenem Horne,
Bald in gespitztem Keil,
Aber immer nach vorne
Stachel und Hintertheil:
So, nach reifer Betrachtung,
Stürmen sie herbei,
Weil es der Verachtung
Sprechendster Ausdruck sei.

Auch die Bienen, in Demuth
Werden sich deß bewußt,
Schier unendliche Wehmuth
Schleicht in ihre Brust,
Stimmen statt Schlachtgesanges,
Klagelieder an,
Und vor allem ein banges:
»Zeige dich braver Mann!«

Siehe, da schnell ein Sasse
Tritt hervor aus den Reih'n:
»Mach' Euch eine Gasse
Liebe Genossen mein!«
Und als ob es ihm wäre
Nichtiger Zeitvertreib,
Drückt er dreizehn Speere
Tief sich in den Leib.

Wüthend die Bienen klammern
Da an den Feind sich an,
Alle Wespen jammern:
»Rette sich wer kann!«
Aber mit Waffen, schartig,
Hummeln und andere mehr,
Fallen jetzt landsturmartig
Ueber die Flüchtigen her.

Abend kommt; es schattet;
Letzte Röthe schied;
Siehe, da wird bestattet
Bienen-Winkelried.
Solch ein Gäste-Gedränge,
Alle mußten's gestehn,
Und solch Leichengepränge
Hatten sie nie gesehn.

Rings auf Spitzen und Thürmchen
An dem Hecken-Zaun,
Glühten Johanniswürmchen
Hell wie Fackeln traun;
Taghell so beleuchtet,
Kam der Zug daher,
Jedes Auge gefeuchtet,
Jedes Herze schwer.

Vorne, drei Hummelbrummer
Schritten ernst und barsch,

Trommelten in Kummer
Ihren Trauermarsch;
Dann mit Ruhm zu melden
Kam der wächserne Sarg,
Der des Helden der Helden
Irdische Hülle barg.

Vier kohlschwarze Käfer,
– Allen wohlbekannt –
Waren, als Rappen, dem Schläfer
Drinnen vorgespannt;
Auf dem Deckel oben
Lagen, Schaft an Schaft,
Alle die dreizehn Proben
Seiner Ritterkraft.

Still des Zuges Spitze
Hat jetzt eingelenkt:
In eine Mauerritze
Wird der Sarg gesenkt.
Dann – wie Kriegsgesinde
Rasch den Gram vertauscht –
Haben im Duft der Linde
Alle sich berauscht.

Theodor Fontane

aus:

Wanderungen durch
die Mark Brandenburg

Laufkäfer hasten durchs Gesträuch
In ihren goldnen Panzerröckchen.
Die Bienen hängen Zweig um Zweig
Sich an der Edelheide Glöckchen;
Die Kräuter blühn; der Heideduft
Steigt in die blaue Sommerluft.

Theodor Fontane

Die Bienen

In einem Bienenstock entspann sich einst ein Streit
Der bürgerlichen Eitelkeit;
Mit einem Wort, ein Streit der Ehre,
Wer edler und unedler wäre.
»O!« rief die stachlichte Partei,
»Was braucht man lange noch zu fragen,
Wer besser oder schlechter sei?
Wir, die wir in den warmen Tagen
Die Höschen in die Zellen tragen
Und stets mit Kunst beschäftigt sind,
Daß unser Rost von Honig rinnt;
Wer sieht es nicht, daß wir die Bessern sind?
Was braucht man also noch zu fragen?«

»So?« fielen hier die andern ein,
»Wo wird denn euer Honig sein,
Wofern wir nicht das Wasser künstlich tragen?
Daß euer Stachel uns gebricht,
Dies schadet unserm Werte nicht.
Genug, daß wir das Amt getreu verwalten,
Wozu der Staat uns für geschickt gehalten.
So niedrig unsre Pflicht euch scheint,
So soll euch doch der Ausgang lehren,
Daß wir mit euch zugleich vereint
Zur ganzen Republik gehören.«

Sie trugen drauf kein Wasser mehr.
Nun mußten die, die Honig machten,

Fliehn oder in der Brut verschmachten,
Und viele Zellen wurden leer.

Der Weiser rief darauf den Rest der Untertanen,
Um sie zur Eintracht zu ermahnen.
»Der Unterschied in eurer Pflicht
Erzeugt«, sprach er, »den Vorzug nicht.
Nur die dem Staat am treusten dienen,
Dies sind allein die bessern Bienen.«

Christian Fürchtegott Gellert

Die Biene und die Henne

»Nun Biene«, sprach die träge Henne,
»Dies muß ich in der Tat gestehn,
So lange Zeit, als ich dich kenne:
So seh ich dich auch müßiggehn.
Du sinnst auf nichts, als dein Vergnügen;
Im Garten auf die Blumen fliegen,
Und ihren Blüten Saft entziehn,
Mag eben nicht so sehr bemühn.
Bleib immer auf der Nelke sitzen,
Dann fliege zu dem Rosenstrauch,
Wär ich wie du, ich tät es auch.
Was brauchst du andern viel zu nützen?
Genug, daß wir so manchen Morgen
Mit Eiern unser Haus versorgen.«

»O!« rief die Biene, »spotte nicht!
Du denkst, weil ich bei meiner Pflicht
Nicht so, wie du bei einem Eie,
Aus vollem Halse zehnmal schreie:
So, denkst du, wär ich ohne Fleiß.
Der Bienenstock sei mein Beweis,
Wer Kunst und Arbeit besser kenne,
Ich, oder eine träge Henne?
Denn wenn wir auf den Blumen liegen:
So sind wir nicht auf uns bedacht;
Wir sammeln Saft, der Honig macht,
Um fremde Zungen zu vergnügen.

Macht unser Fleiß kein groß Geräusch,
Und schreien wir bei warmen Tagen,
Wenn wir den Saft in Zellen tragen,
Uns nicht, wie du im Neste, heisch:
So präge dir es itzund ein:
Wir hassen allen stolzen Schein;
Und wer uns kennen will, der muß in Rost und
   Kuchen
Fleiß, Kunst und Ordnung untersuchen.

Auch hat uns die Natur beschenkt,
Und einen Stachel eingesenkt,
Damit wir die bestrafen sollen,
Die, was sie selber nicht verstehn,
Doch meistern, und verachten wollen:
Drum, Henne! rat ich dir, zu gehn.«

O Spötter, der mit stolzer Miene,
In sich verliebt, die Dichtkunst schilt;
Dich unterrichtet dieses Bild.
Die Dichtkunst ist die stille Biene;
Und willst du selbst die Henne sein:
So trifft die Fabel völlig ein.
Du fragst, was nützt die Poesie?
Sie lehrt und unterrichtet nie.
Allein wie kannst du doch so fragen?
Du siehst an dir, wozu sie nützt:
Dem, der nicht viel Verstand besitzt,
Die Wahrheit, durch ein Bild, zu sagen.

Christian Fürchtegott Gellert

An die Schönen

Auf einer Rose schlief
Jüngst eine Biene tief,
Und Amor sah sie nicht!
Er rührt sie an, sie sticht!
Er schreit: o weh! o weh!
Sieht meine Lalage,
Schreit! ach Mama, Mama!
Die kleine Schlange da
Mit Fittichen, die sie
Hinfliegen sehen, die
Der Landmann Biene nennt,
Stach meine Hand! Es brennt
Entsetzlich! Armes Kind,
Spricht Lalage, – Geschwind
Dein Händchen her, und küßt,
Bis es geheilet ist.
Ihr Schönen, welchen Lohn
Gab ihr Cytherens Sohn,
Für den geheilten Stich?
Er gab, Er gab ihr mich!

Johann Wilhelm Ludwig Gleim

Die Nektartropfen

Als Minerva, jenen Liebling,
Den Prometheus zu begünstgen,
Eine volle Nektarschale
von dem Himmel niederbrachte,
Seine Menschen zu beglücken
Und den Trieb zu holden Künsten
Ihrem Busen einzuflößen,
Eilte sie mit schnellen Füßen,
Daß sie Jupiter nicht sähe;
Und die goldne Schale schwankte,
Und es viele Wenig Tropfen
Auf den grünen Boden nieder.

Emsig waren drauf die Bienen
Hinterher und saugten fleißig;
Kam der Schmetterling geschäftig,
auch ein Tröpfchen zu erhaschen;
Selbst die ungestalte Spinne
Kroch herbei und sog gewaltig.
Glücklich haben sie gekostet,
Sie und andre zarte Tierchen!
Denn sie teilen mit dem Menschen
Nun das schönste Glück, die Kunst.

Johann Wolfgang von Goethe

Gleich und gleich

Ein Blumenglöckchen vom Boden hervor
war früh gesprosset in lieblichem Flor.

Da kam ein Bienchen und naschte fein
die müssen wohl beide füreinander sein.

Johann Wolfgang von Goethe

Wenn bitter sich die Menschen streiten

Wenn bitter sich die Menschen streiten
mit Grösse wie mit Kleinigkeiten
da weiche ich am liebsten aus
und flüchte mich ins Bienenhaus.

Hör ich das friedliche Gesumm,
vergess ich Schelten und Gebrumm,
und aller Krieg und Krach auf Erden
kann mir sogleich gestohlen werden.

Ein Blümchen vom Boden hervor,
war früh gesprosset im lieblichen Flor,
da kam ein Bienchen und naschte fein –
die müssen wohl beide füreinander sein!

Johann Wolfgang von Goethe

Der Schmetterling und die Biene

Wärs Wetter schön,
Sprach einst ein Sommervogel;
Wärs Wetter schön, ich wollte
Zur Rose buhlen gehn.
Und ich, versetzt die weise Biene,
Ging an die Arbeit in das Grüne,
Wärs Wetter schön!

Johann Nikolaus Götz

Wünsche des Dichters

O möcht ich, so wie ihr, geliebten Bienen, seyn!
An innerm Geiste gros, obwohl von Cörper klein;
Möcht ich so schnell, wie ihr, so glücklich im
   Bemühen
Der Wissenschaften Feld, so weit es ist, durchziehen;
So starck durch Emsigkeit, so fähig durch Natur,
Von Kunst zu Künsten gehn, wie ihr von Flur auf
   Flur;
Bemüht den treuen Freund durch Nutzen zu
   ergötzen;
Bereit dem kühnen Feind den Angel anzusetzen.
Wie sehnlich wünscht mein Hertz, daß stets mein
   Reimgebäu,
An Kunst und Ordnung reich, wie eure Cellen, sey,
Und mein gelinder Vers, wie euer Honig fliesse,
So nahrhaft für den Geist, wie für die Sinnen süsse.

Johann Nikolaus Götz

Honig

Nachdem sie aus der Heimat mich getrieben,
Auf meiner langen Flucht und bittren Fahrt:
Ein Glas mit Honig hab ich mir gespart —
So viel an Heimat ist mir noch geblieben.

Ich öffne es nur: dann steigt ein Duft empor
Von tausend Blüten, ja von tausend Bäumen,
Und Bienen summen wie aus bunten Träumen
Aus allen grauen Ecken rings hervor —

Es ist noch Winter in der weiten Flur —
Ihr Bienen, hütet Euch vor frühem Schwärmen,
Lasst Euch die Sonne noch die Pelze wärmen!

Ihr sammelt süsses Heil im Honig nur,
Wenn rötlich-weiss die Pflaumenäste blühn
Und goldne Primeln leuchten auf im Grün.

Albrecht Haushofer

Auf eine Biene in der Villa Medicis

Holdes Bienchen, du irrst! Dort winkt dir blühend
    der Lorbeer,
Sprich, was umsurrst du denn mir emsig die Wang'
    und den Mund?
Honig entsaugst du mir nicht, du seist denn ein
    schelmisches Mädchen,
Das sich vermummte, und dann komm in der
    wahren Gestalt!
Sinnst du mir aber ein Arges, gedenkst du, dafür
    mich zu strafen,
Daß ich ein Mensch nur bin, nimmer die Rose des
    Tals,
Oder bin ich dir gar aus alter Zeit noch verschuldet,
Hab' ich als Blume vielleicht einst dir geweigert
    den Trunk:
O, besieh mich vorher, ob nicht mit schärferem
    Stachel
Dich ein stärkerer Feind lange an mir schon gerächt;
Sieht, du setztest dich leicht auf eine Narbe, denn
    manche
Hab' ich, ich zuckte dir kaum, aber du littest den
    Tod.

Friedrich Hebbel

Die Gefangenen

Sie trampeln um den Hof im engen Kreis.
Ihr Blick schweift hin und her im kahlen Raum.
Er sucht nach einem Feld, nach einem Baum,
Und prallt zurück von kahler Mauern Weiß.

Wie in den Mühlen dreht der Rädergang,
So dreht sich ihrer Schritte schwarze Spur.
Und wie ein Schädel mit der Mönchstonsur,
So liegt des Hofes Mitte kahl und blank.

Es regnet dünn auf ihren kurzen Rock.
Sie schaun betrübt die graue Wand empor,
Wo kleine Fenster sind, mit Kasten vor,
Wie schwarze Waben in dem Bienenstock.

Man treibt sie ein, wie Schafe zu der Schur.
Die grauen Rücken drängen in den Stall.
Und klappernd schallt heraus der Widerhall
Der Holzpantoffeln auf dem Treppenflur.

Georg Heym

Die Biene

Blumenkostende Biene, warum verlässest du deine
süssen Blumen und störst sumsend der Liebenden
   Kuß?
Oder willst du mir sagen: o Freund, die Biene der
   Liebe,
auch ihr süssester Kuß drücket den Stachel ins Herz.

Ja das willst du mir sagen; geh hin zu deinem
   Geschäfte,
gute Biene, das sprach lange die Liebe mir selbst.

Johann Gottfried Herder

Die Bienen

Säuselt hinaus ihr Bienen, ihr Kinder des honigen
   Frühlings,
Schwärmt auf Blumen und bringt euren
   gesammleten Thau
Uns. Den Sterblichen strömt aus ihren niedlichen
   Cellen
goldener Strom, ein Quell aus der verlebeten Zeit,

Wo nicht Hacke noch Karst, wo Pflug und Stiere
   nicht gruben,
wo die Natur uns selbst Nektar in Strömen verlieh.
Fliegt denn, Schwärme der Luft, ihr nektarbereitende
   Bienen,
Die ihr die goldene Zeit selbst noch genießet und
   schafft.

                    Johann Gottfried Herder

England und Deutschland

Stolzes Britannien Du! Du raubst von Osten und
  Westen
Köstlich duftendes Reis, das Dich in Flammen
  verzehrt,
Glänzender Phönix! Wir, die deutsche fleißige Biene,
Sammeln auf jeglicher Flur Honig und wissen nicht,
  wem?

Johann Gottfried Herder

Erinna

Seht, die emsige Biene, die auf den Auen der Musen
jegliche Blüthe besucht, unsre jungfräuliche Braut
raubt der Tod sich zur Gattin. Das weise, liebliche
  Mädchen
seufzte: »muß ich hinab?« O du beneidendes Grab.

Johann Gottfried Herder

Honig

»Honig ist seine Rede.« Geliebter, koste sie mäßig!
Mehr als gekostet, wird Honig dem Innern ein Gift.

Johann Gottfried Herder

Zwei Gattungen des Epigramms

Dir ist das Epigramm die kleine geschäftige Biene,
Die auf Blumen umher flieget und sauset und sticht;
Mir ist das Epigramm die kleine knospende Rose,
Die aus Dornengebüsch Nektarerfrischungen
    haucht.
Laß uns Beide sie denn in *einem* Garten versammeln:
Hier sind Blumen, o Freund; sende die Bienen dazu!

Johann Gottfried Herder

Die Aufgeregten

Welche tief bewegte Lebensläufchen,
Welche Leidenschaft, welch wilder Schmerz!
Eine Bachwelle und ein Sandhäufchen
Brachen aneinander sich das Herz!

Eine Biene summte hohl und stieß
Ihren Stachel in ein Rosendüftchen,
Und ein holder Schmetterling zerriß
Den azurnen Frack im Sturm der Mailüftchen!

In ein Tröpflein Tau am Butterblümchen
Stürzt' sich eine zarte Käferfrau,
Und die Blume schloß ihr Heiligtümchen
Sterbend über dem verspritzten Tau!

Gottfried Keller

Die Biene

Die kleine Seele
Zarter Symbole
Taucht in das Füllhorn
Früher Gladiole,
Schöpft weiße Schaummilch,
Brockt gelbe Bretzel,
Folgt eines Windes
Freundlichem Rätsel.

Flughauch läßt klingen
Goldtropfenblumen;
Da sie noch schwingen,
Löst sie die Krumen.
Winziger Engel,
Summende Flocke,
Rührt sie den Schwengel
Glitzernder Glocke.

Des Kindes Auge,
Das Gott zerbrochen,
Eh' es zu Rosen
Leuchtend gesprochen,
Schwebt aus den Lidern,
Die sich ihm sperrten,
Hängt braun und samten
An Sonnengärten.

Gertrud Kolmar

Das Kind an die Biene

Bienchen, wovon dein Beinchen ist golden?
Kleiner Bergmann, sprich, woher? —
Ach, ich saß in den Blumendolden,
Davon ward mir das Keulchen so schwer,
Meinst du, ich sammle das bittere Gold?
Süß ist der Honig, den Bienchen dir zollt.

Karl Lappe

An einem Baum

Du Baum, so morsch und lebensarm,
So ausgehöhlt, sei mir gegrüßt;
Wie doch dein froher Bienenschwarm
Die Todeswunde dir versüßt!

Sie wandern fort im raschen Zug,
Sie kehren summend wieder heim
Und bringen dir im Freudenflug
Von fernen Blumen Honigseim.

O Baum, du mahnst mein Herz so schwer
An einen lieben alten Mann;
Gott gebe, kehr ich übers Meer,
Daß ich ihn noch umarmen kann!

Baum, wie du morsch und abgedorrt,
Doch Honig birgt dein altes Reis,
So birgt der Weisheit süßen Hort
In seiner Brust der morsche Greis.

Und seine muntre Bienenschar,
Gedanken fliegen aus und ein
Und bringen Honig süß und klar,
Die reiche Beut aus Wies und Hain;

Oft locket sie von hinnen weit,
Zu Blumen, die kein Herbst uns raubt,
Der Frühlingshauch der Ewigkeit;
Dann senkt er still sein edles Haupt.

Nikolaus Lenau

Die Biene

Als Amor in den goldnen Zeiten
Verliebt in Schäferlustbarkeiten
Auf bunten Blumenfeldern lief,
Da stach den kleinsten von den Göttern
Ein Bienchen, das in Rosenblättern,
Wo es sonst Honig holte, schlief.

Durch diesen Stich ward Amor klüger.
Der unerschöpfliche Betrüger
Sann einer neuen Kriegslist nach:
Er lauscht in Rosen und Violen;
Und kam ein Mädchen sie zu holen,
Flog er als Bien heraus und stach.

Gotthold Ephraim Lessing

Weinlese

Winzer, schwerbeladne, schütten
Ihre Trauben aus den Bütten,
Und wir stampfen tüchtig ein;
Auch ein Bienchen, mitgefangen,
Das am süßen Saft gehangen,
Wird mit eingestampft zum Wein.

Daß kein Beerchen wir vergeuden,
Stirb im Todbett deiner Freuden,
Das Unsterblichkeit dir gibt.
In dem Wein, o Biene, leben
Wird dein emsig Honigweben
Mit dem Tau, den du geliebt.

Werde denn ein goldner Funken,
Wie du selbst wohl freudetrunken
Schwärmtest in dem Sonnenschein,
Auch dein Stachel wird in Herzen,
Geisterblitzen, frohen Scherzen
Auferstehen aus dem Wein.

Hermann von Lingg

Alte Jungfern Zanckeisen

Alte Jungfern sind ein Stock, da noch Wachs noch
  Honig innen;
Ihre Sinnen würcken nichts, ausser daß sie stechen
  künnen.

Friedrich von Logau

Der Liebe Honigthum

Die Buhler sind Bienen; die Jungfern sind Rosen;
Gedancken sind Honig, zum schmeicheln und
   kosen.

Friedrich von Logau

Ein Honig-süsser Schlaf

Ein Honig ist der Schlaf; als diesen Honig aß,
Geschah's, daß was, ich gläub ein Bienlein etwa, saß
Auff Libitilla Haut; sie hats nicht achten wollen,
Doch, wie man nunmehr merckt, so ist sie sehr
  zerschwollen.

Friedrich Logau

Ursprung der Bienen

Jungfern, habt ihr nicht vernummen,
Wo die Bienen her sind kummen?
Habt ihr doch vielleicht verstanden,
Was der Venus gieng zu handen,
Da sie den Adonis liebte,
Der sie labt und auch betrübte?
Wann im Schaten kühler Myrten
Sie sich kamen zu bewirthen,
Folgte nichts als lieblich liebeln,
Folgte nichts als tückisch bübeln,
Wolten ohne süsses küssen
Nimmer keine Zeit vermissen,
Küsten eine lange Länge,
Küsten eine grosse Menge,
Küsten immer in die Wette;
Eines war deß andren Klette,
Biß es Venus so verfügte,
Die diß Thun so wol vergnügte,
Daß die Geister, die sie hauchten,
Immer blieben, nie verrauchten;
Daß die Küsse Flügel namen
Hin und her mit Heeren kamen,
Völlten alles Leer der Lüffte,
Wiese, Thal, Berg, Wald, Feld, Klüffte,
Parten sich zum küssen immer,
Hilten ohne sich sich nimmer,
Sassen auff die Menschen-Töchter,
Machten manches Mund-Gelächter,

Wann sie sie mit Küssen grüßen,
Wann sie sie mit Grüssen küßen.
Aber Neid hat scheel gesehen,
Und Verhängnüß ließ geschehen,
Daß ein schaumend wilder Eber
Ward Adonis Todtengräber.
Venus, voller Zorn und wüten,
Hat gar schwerlich diß erlidten.
Als sie mehr nicht kunte schaffen,
Gieng sie, ließ zusammen raffen,
Aller dieser Küsse Summen,
Wo sie waren zu bekummen,
Machte drauß die Honig-Leute,
Daß sie geben süsse Beute,
Daß sie aber auch daneben
Einen scharffen Stachel geben,
So wie sie das Küssen büssen
Und mit Leid verbittern müssen.
Sag ich dieses einem Tauben,
Und ihr Jungfern wolts nicht glauben,
Wünsch ich euch für solches Stücke,
Daß euch Küssen nie erquicke;
Glaubt ihrs aber, o, so schauet,
Daß ihr nicht dem Stachel trauet!

Friedrich von Logau

Von einer Biene

Phyllis schlieff; ein Bienlein kam,
Saß auff ihren Mund und nam
Honig, oder was es war,
Corydon, dir zur Gefahr;
Dann sie kam von ihr auff dich,
Gab dir einen bittren Stich;
Ey, wie recht, du fauler Mann!
Soltest thun, was sie gethan.

Friedrich von Logau

Mittagsluft

Die Bienen summen im Heidekraut,
Es bebt die Mittagsluft,
Aus all den roten Blütchen steigt
Ein voller Honigduft.

Ein kleiner blauer Schmetterling
Der flog auf deine Hand,
Die Sonne durch den Ginsterbusch
Auch deine Finger fand.

Fort flog der blaue Schmetterling
Der Sonnenstrahl verschwand,
Und meine Lippen ruhen jetzt
Auf deiner weißen Hand.

Hermann Löns

Honig für Erwachsene

Macht Dir Beschwer der Darm, der schlaffe,
tu Honig morgens in den Kaffe(e).
Der regelt auch bei Dir, ich hoff es,
den trägen Wechsel Deines Stoffes.
Und nun wirst Du pünktlich kurz vor zehn
zum kleinsten Raum des Hauses gehn.

August Ludwig

Honig für Kinder

Die Kinder blühen wie die Feilchen,
an jedem ihrer Körperteilchen.
Der Hans gedeiht und auch Mariechen,
die täglich tüchtig Honig kriegen.
Gewiß ist Lebertran sehr billig,
doch nehmen sie ihn nicht so willig.

August Ludwig

Die Biene

Die Biene trifft des Frühlings Töne;
Ein Sumsen, halb wie Schmerzgestöhne
Und halb wie Luft,
Schwellt ihre Flügel oder Brust.

Karl Mayer

Biene und Schmetterling

»Guten Tag, Fräulein Bienchen, wohin soll's denn
gehn?« —
»Nach dem Wederstrauch hinter der Hecke.« —
»Ah, sieh mal an, das trifft sich ja schön,
Da begleite ich Sie eine Strecke.« —

Er war ein hübscher, rot-brauner Wicht
Und ein Don Juan erster Klasse,
Besonders tugendhaft also nicht,
Na, das liegt nun mal so in der Rasse.

Sie kührte im dunklen Bienenhaus
Ein still-geschäftiges Leben,
Flog auf graden Wegen nach Arbeit aus
Und irrte niemals daneben. —

»Warum Sie nur immer so fleißig sind?«
Sprach der Falter, und tippt ihr aufs Köpfchen,
»S' ist jammerschade um Sie, mein Kind,
So ein süßes, junges Geschöpfchen.

Gehn Sie mit in den roten Rosensaal,
Ich möchte Sie gern traktieren,
Wir woll'n in dem neu erblühten Lokal
Heut Abend gemütlich soupieren.«

»Ich weiß nicht ... ich kann nicht... ich möchte
   schon...
Doch, was würden die andern sagen?...
Bedenken Sie meine Reputation...
Ich darf es wirklich nicht wagen.«

»Dann nicht! Du prüdes, albernes Ding.
Da magst Du nur weiterfliegen,
Ich bin ein bildschöner Schmetterling
Und kann noch ganz andere Kriegen.« —

Da sah sie ihn an so traurig und groß. —
In dem Blick lagen ganze Geschichten, —
Dann gab sie sich einen moralischen Stoß
Und besann sich auf ihre Pflichten.

Sie sammelte braun ihren Blütenstaub,
Flog zum Korbe zurück, in Ehren,
Ihn sah man, spät nachts noch, im Rosenlaub
Mit 'nem niedlichen Käfer verkehren.

Josefa Metz

An die Biene

Die du so früh durch sonnengoldne Helle
Des Morgens eilst zu buntem Blütenstrauße,
Und freudig wiederkehrst zu deiner Klause
Mit rot und gelben Saumes Honigquelle!

Du Dichter-Tierchen, das auf jeder Stelle,
Bei froher Arbeit und bei süßem Schmause,
Bei raschem Wanderflug, so wie zu Hause,
Umquollen ist von Ätherduftes Welle!

Ich wünsche nicht: o könnt' ich mit dir fliegen
Und Nahrung finden auf den Blütenauen!
Nie hab' ich so poetisch mich verstiegen.

Doch wünsch' ich sehr: gleich holden Stoff zu
    schauen
Auf meinem Feld, wie du ihn zu besiegen
Und so zum süßen Ganzen auszubauen.

Melchior Meyr

Der Hügel

Wie wundersam ist doch ein Hügel,
der sich ans Herz der Sonne legt,
indes des Winds gehaltner Flügel
des Gipfels Gräser leicht bewegt.

Mit buntem Faltertanz durchwebt sich,
von wilden Bienen singt die Luft,
und aus der warmen Erde hebt sich
ein süßer, hingegebner Duft.

Christian Morgenstern

Der Knabe und das Immlein

Im Weinberg auf der Höhe
Ein Häuslein steht so windebang;
Hat weder Tür noch Fenster,
Die Weile wird ihm lang.

Und ist der Tag so schwüle,
Sind all verstummt die Vögelein,
Summt an der Sonnenblume
Ein Immlein ganz allein.

Mein Lieb hat einen Garten,
Da steht ein hübsches Immenhaus:
Kommst du daher geflogen?
Schickt sie dich nach mir aus?

»O nein, du feiner Knabe,
Es hieß mich niemand Boten gehn;
Dies Kind weiß nichts von Lieben,
Hat dich noch kaum gesehn.

Was wüßten auch die Mädchen,
Wenn sie kaum aus der Schule sind!
Dein herzallerliebstes Schätzchen
Ist noch ein Mutterkind.

Ich bring ihm Wachs und Honig;
Ade! – ich hab ein ganzes Pfund;
Wie wird das Schätzchen lachen,
Ihm wässert schon der Mund.«

Ach, wolltest du ihr sagen,
Ich wüßte, was viel süßer ist:
Nichts Lieblichers auf Erden
Als wenn man herzt und küßt!

Eduard Mörike

Die Biene

Wie die Biene Blumensäfte, also sammle Weisheit
  ein!
Ist die Blüthenzeit vorüber, wird der Blüthen Honig
  dein.

Wilhelm Müller

Die Biene (2)

Biene, dich könnt ich beneiden,
Könnte Neid im Frühling wachsen,
Wenn ich dich versunken sehe,
Immer leiser leiser summend,
In dem rosenroten Kelche
Einer jungen Apfelblüte.
Als die Knospe wollte springen
Und verschämt es noch nicht wagte,
In die helle Welt zu schauen,
Jetzo kamst du hergeflogen
Und ersahest dir die Knospe;
Und noch eh ein Strahl der Sonne
Und ein Flatterhauch des Zephyrs
Ihren Kelch berühren konnte,
Hingest du daran und sogest.
Sauge, sauge! – Schwer und müde
Fliegst du heim nach deiner Zelle:
Hast dein Tagewerk vollendet,
Hast gesorgt auch für den Winter!

Wilhelm Müller

Die Wangengrübchen

O schelte mich nicht mehr, mein holdes Liebchen,
Wenn ich dir sage: Deiner Wangen Grübchen
Sind wie zwei rothe Rosen mir erschienen.

Siehst du die Bienen nicht sie oft umflattern,
Als ob sie Honigseim in ihnen wittern?
Meinst du, daß die sie nicht für Rosen halten?

Und wenn ich selber eine Biene wäre,
So ließ' ich allen Blumen ihre Ehre,
Und saugt' aus diesen Rosen nur mein Leben.

Wilhelm Müller

An die Bienen

Ihr Honigvögelein, die ihr von den Violen
Und Rosen abgemeyt den wundersüssen Safft,
Die ihr dem grünen Klee entzogen seine Krafft,
Die ihr das schöne Feld so offt und viel bestohlen,

Ihr Feldeinwohnerin, was wollet ihr doch holen
Daß, so euch noch zur Zeit hat wenig Nutz
    geschafft,
Weil ihr mit Dienstbarkeit deß Menschen seyd
    behafft,
Und ihnen mehrentheils das Honig müsset zollen?

Kompt, kompt zu meinem Lieb', auff ihren
    Rosenmund,
Der mir mein kranckes Hertz hat inniglich
    verwundt,
Da solt ihr Himmelspeis' auch überflüssig brechen;

Wann aber jemand sie wil setzen in Gefahr,
Und ihr ein Leyd anthun, dem solt du starcke Schar
Für Honig Galle seyn, und ihn zu Todte stechen.

Martin Opitz

Muckensturm

»Die Väter bedrängte greulicher Krieg,
Die Mucken halfen ihnen zum Sieg!«
  (Alte Inschrift)

Das ist die Murg, zum Fluß geworden,
Die erst als Waldbach dumpf gebraust, –
O drohe nur des Feindes Horden,
Der frech an Deinen Ufern haust!
Es kam der Reichsfeind über Rhein,
Badenser kämpfen mit Franzosen,
Und wieder heißt: ein Deutscher sein,
Sich zählen zu den Hilfelosen!

Die Festung Rohrburg ruft in Nöten
Reichstruppen auf zu Schirm und Wehr
Die Feinde drohen, brennen, töten –
Zur Rettung naht kein deutsches Heer!
Schon ist verloren Wall um Wall,
Schon stürmt der Feind an allen Thoren,
Singt trotz'ger Siegeslieder Schall –
In Rohrburg Jammerruf: »Verloren!«

Ein Bürger naht dem Kommandanten,
Ein deutscher Bürger schlicht und recht;
Der spricht: »Noch sind wir nicht zu Schanden,
Ich werde kein Franzosenknecht!
Kein Markgraf will, kein Herzog helfen,
Kein Reichssoldat, kein General –

Sie dienen Waiblingern und Welfen –
Dem deutschen Volke bleibt die Qual!«

»Mir helfen zwanzig Königinnen
Mit ihres Volkes großer Schar;
Die sollen uns den Sieg gewinnen
Und von uns wenden die Gefahr.
Hoch oben auf dem Festungsbau
Sind schon die Truppen und Kasernen –
Kommt, haltet Eure Heeresschau,
Wollt meine Mannschaft kennen lernen!«

Und oben auf den höchsten Schanzen
Des Bürgers Bienenkörbe stehen.
Ein Hurrah! – Wie zum lust'gen Tanzen
Zum Sturme die Franzosen gehen –
Und schaut! hinab in ihre Reihn
Ein Wurf in weitgeschwungnem Bogen –
Welch Summen, Brausen, Schütteln, Schrein –
Ein Korb dem seine Schar entflogen!

Und zwanzig so! – und Millionen
Von Bienen in der Feinde Heer;
Da gilt kein Rufen und kein Schonen,
Da hilft nicht Sturm und Gegenwehr!
Wie scharf und spitz der Bienenpfeil
Versandt mit zornig gift'gem Brummen, –
Und in der Flucht sucht jeder Heil
Vor diesem Stechen, diesem Summen!

Kein Mann hält Stand! die Kämpfer weichen
Vor solcher Freischar kühnem Flug.
Ihr Summen ist ihr Siegeszeichen,
Ihr Stachel mehr als Schwerter schlug.
Die Feinde rings in toller Flucht –
Sie werfen von sich Wehr und Waffen,
Im schnellen Lauf ein jeder sucht
Sich den Verfolgern zu entraffen.

Gerettet ist die deutsche Feste,
Gerettet durch den deutschen Fleiß.
Ein solcher Lohn, er ist der beste,
Der Bürger und der Arbeit Preis! –
In Baden, wo die Feste lag
Die Bienen man als Mucken kennet –
Und Rohrburg ward seit diesem Tag
Zum Danke *Muckensturm* benennet.

Louise Otto

Der Schmetterling und die Biene

»Wenn doch«, so sprach mit rascher Energie
Ein bunter Schmetterling zur Biene,
Die neben ihm auf einer Balsamine
Ihr Frühstück nahm, - »wenn doch das Rabenvieh,
Die Raupen, in der Hölle wären!
Wohin sich meine Flügel kehren,
Wohin mein Auge blickt so find' ich sie.
Hier fressen sie des Ölbaums frische Blüten
Und opfern dort ein Kohlbeet ihrer Wut.
Ach, welche Polizei! ich sollte hier gebieten:
Mein Urteil wäre Tod für die gesamte Brut,
Und für den Herrn des Guts die Staupe.«
»Recht!«, sprach die Biene, »recht! ein häßliches
   Geschmeiß,
Wie jedermann, und du am besten, weiß,
Denn gestern warst du selbst noch Raupe.«

Gottlieb Konrad Pfeffel

Der Schmetterling und die Biene (2)

Die Biene ließ den Schmetterling
Einst ihre fetten Speicher sehen.
Schön, rief der bunte Gast; doch muß ich dir
   gestehen,
Ich tauschte nicht mit dir. »Warum nicht dummes
   Ding,
Was hast denn du? Laß sehn, wir wollen inventieren:
Ich hab ein volles Haus« . . . und ich – nichts zu
   verlieren.

Gottlieb Konrad Pfeffel

Die Biene

Hätt' die Biene Honig nicht
In den Stock getragen,
Hätte mit der Tatze sie
Nicht der Bär erschlagen.

Adolf Pichler

Bitteres und süßes aus einem

Die Imme, die zu Rom im heilgen Korbe sitzt,
Trägt Honig ein und hat den Stachel auch gespitzt:
Sie zeigt (so siehet man die Dörner bey den Rosen)
Den Stachel Spanien, das Honig den Frantzosen.

Wer meint, daß solche Gall' in diesem Cörper sey,
Die Lilie kommt sonst ja nicht den Immen bey:
Gib Honig, wem du wilt, doch wirst du zu sehr
  stechen,
Wird mit dem Stachel dir das Honig gantz
  gebrechen.

Daniel Czepko von Reigersfeld

Wie die Biene

Wie die Biene
Flogest du,
Froher Miene
Sogest du
Blüthenthau, o welchen
Thau aus allen Kelchen
Saugend zogest du!

Wie die Biene
Labest du,
Süßer Miene
Gabest du
Honig nur den deinen,
Und wir dachten, keinen
Stachel habest du.

Unsre Biene
Warest du,
Sanfter Miene
Sparest du
Nur dein Gift, und solchen
Stachel nun gleich Dolchen
Offenbarest du.

Wie die Biene
Flogest du,
Frommer Miene
Logest du,

Ließest wund die Herzen
Und den Seim für Schmerzen
Uns entzogest du.

Wie die Biene
Sei nicht bang,
Froher Miene
Mein Gesang!
Diese Schmerzen taugen,
Lust daraus zu saugen
Unter Bienenklang.

Friedrich Rückert

Cupido mit dem hönig

(1)
Als Cupido, der sune
der göttin Veneris,
in einen binstock brache,
das süß hönig versucht,
Darvon er freut gewune.
ein bin in aus verdrieß
mit irem angel stache;
do schrei die edel frucht
Und gab die flucht
und seiner muter klaget,
wie schmerzlich we und iniklich
im tet der stich,
das er schier wer verzaget,
sprach: »muter, heil und tröste mich.«

(2)
Venus die lacht von herzen
sprach: »wer das hönig süß
der lieb sich tut gewenen
in freuden iemerzu,
Der selbig muß den schmerzen
auch leiden, das er büß,
eifern, meiden und senen,
sorg, angst, we und unru.
Wan welchen du
mit der lieb tust verwunden,
entpfint der süßen freut gar schmal,

doch ane zal
ist er mit schmerzen bunden
an sel und leibe überal.«

(3)
Darum wer solchen schaden
alhie vermeiden wol,
der sol die lieb verachten
und abwenden sein herz;
Sol sie zu haus nicht laden,
sunder sie weislich sol
ausjagen und betrachten
der liebe kurzen scherz
Und langen schmerz;
nachreu, schmach, schant und spote,
schaden an sel, leib, er und gut,
an sin und mut,
armut, krankheit und tote
der süßen lieb nachfolgen tut

Hans Sachs

Die bin mit der spin

(1)
Ein alte spin, die tet ein netzlein weben,
darin sie mucken fangen wolt,
sie bringen um das leben,
darin sie sich in stiller ru,
on arbeit, möcht erneren.
In dem ein bin wolt an ir arbeit fliegen,
samlen der süßen blümlein saft,
als sie sah das betriegen,
der spinnen schalkhaftiges netz,
entgegen ret in eren.
Gar scharf die spin sie darum straft;
die spin mit laster war behaft,
sprach zu ir: »die nature
hat mich gelert subtile netzlein spinnen,
darin ich disen sumer lang
mein narung müg gewinnen
on alle arbeit, mü und angst,
das mir nit sauer wure.

(2)
In meinem gweb kan ich mich lüstig schmucken,
dan so balt fallen in mein netz
die schnaken oder mucken,
on alle mü ich sie umstrick,
tu in ir blut aussaugen.
Dein narung must mit arbeit überkumen,

du fleugst über den ganzen tag
auf rosen, kle und blumen,
dan würkestu in dem binstock;
der unru kanst nit laugen.«
Die bin sprach: »dein ru sei verflucht,
die so mit gschwinden listen sucht
den nechsten zu verstricken,
und saugest aus dem unschulding sein blute,
ich aber mich mit arbeit ner,
kum dem nechsten zu gute.
ich bereit hönig und das wachs;
erbeit tut mich erquicken.«

(3)
Alhie wirt uns bedeutet durch die spinnen
all die mit schaden andrer leut
on arbeit gut gewinnen,
als finanzer und wucherer,
fürkaufer, falsch juristen
All fatzmacher, münzfelscher und all trügener,
simoneier, rauber und dieb,
falsch spiler und die lügener,
die stellen gar viel strick und netz
dem volk mit gschwinden listen.
Bei der binen bedeuten sent
all, die sich neren mit der hent,
dem nechsten auch zu nutze
und im schweiß ires angesichts sich neren,
wie got in dem anfang gebot;

das ist mit got und eren.
wer nicht arbeit sol eßen nicht,
spricht Paulus wol mit trutze.

Hans Sachs

Die Biene

Du littest nicht die Biene Dir im Zimmer,
Die müßig-surrende; Du ließest sie
Hinaus zur Arbeit, zu den Ihren hin,
Und fröhlich flog sie fort! — Da war es still.
Surrt jetzt die Biene wieder mir im Zimmer,
Die von den blüh'nden Trauben vor dem Fenster
Sich in die grüne Dunkelheit verirrt,
Da muss sie bei mir weilen, bei mir surren!
Ich meine: Du bist sie, die Fleißige,
Die wiederkehrt zu wirken, zu den Ihren,
Zu mir! Ich höre selig ihr Gesurr;
Sie ruht auf meiner Hand; sie sticht mich nicht.
Und endlich lass ich weinend sie hinaus
In alle Welt, wie Dich in alle Welt,
Und wieder ist es still, so still im Herzen.

Leopold Schefer

Die Biene

Am frischen kühlen Wiesenplan
Ruht' eine Schäferin;
Ein Rosenbusch ihr Baldachin,
Ihr Bettchen Thymian.

Ein emsig Bienchen flog heran,
Und flog der Schäferin
Gerade auf die Lippen hin,
Und wühlt' und sog daran.

»Vergib mir — sprach die Biene dann —
Mit froh getäuschtem Sinn
Sah ich dein Mündchen, Schäferin,
Für eine Rose an.«

Leopold Mathias Schleifer

An eine Biene

Frommes Bienchen, sei willkommen mir,
Im besonnten Wiesentale wer,
Sieh, des Maien freu' ich mich mit dir.

Von den Blüten holst du süßen Raub,
Holst von Blumen feinen Silberstaub,
Trinkst den reinen Tau auf jungem Laub:

Ich auch atme frische Düfte ein,
Seh' des Himmels schönen Purpurschein,
Hör' des Vogels Abendlied im Hain.

Liebreich, Bienchen, hier und überall
Ist uns die Natur, ein reiches Mahl
Tischt sie uns auf Bergen und im Tal:

Gibt der Kinder jedem, was es brauche,
Sieh, wie manches kleine Leben saugt
An dem Kelche, welcher Balsam haucht!

Bienchen, lass uns immer dankbar sein,
Trag' du fleißig in die Zellen ein.
Ich will meine Liederchen ihr weih'n.

Aloys Schreiber

Bienenwehr

Die Bien' hat eine kleine Wehr,
Daran trägt sie gewiß nicht schwer,
So spitz als wie vom Waizenkorn die Agel,
Doch nicht so giftig wie Hornissenzagel.
Wenn sie dich nur im Zorn ein wenig sticht,
Das Weh ist klein und währt nicht lange.
Reibst du, so schwillt dir auf die Wange,
Und zeigt ein lächerlich Gesicht.

Johannes Schrott

Die Biene

Du fromme, klösterliche Frau der Zelle,
Mach Gottes Regel haltend die Klausur
Des Winters, bis zur Arbeit auf die Flur
Hinaus der Lenz dich ruft, der blumenhelle.

Nicht tändelnd wie die schimmernde Libelle,
Erfüllst du emsig deine Pflichten nur,
Und von den Blumenkindern der Natur
Hält keines dich gefesselt an der Stelle.

Der Blumenwälder Vogel, willst du wohnen
Doch nicht in ihnen draußen, und dein Nest
Willst du nicht bauen in die Blumenkronen!

Du eilst nach Hause mit dem süßen Rest,
Wie lange Thymian, Salvien, Anemonen
Blühn, weißt du. Dein Konvent nur hält dich fest.

Johannes Schrott

Die Biene (2)

Zum Lichte will der Aar die Flügel schlagen,
Der Schwan betrachtet wie der stille Glaube,
Am Tag erfreut der Flug der Silbertaube,
Und nächtlich rührt der Philomele Klagen.

Doch mögen Andre viel zum Lobe sagen
Weltfreier Vögel in der Luft, im Laube!
Den Blumenvogel, der vom Blüthenstaube
Die Schätze holt, will ich im Sinne tragen.

Der Biene Summen ist ein leises Singen,
Sie ist entzückt von Gottes reichen Gaben
Und sammelt häuslich in den Wunderdingen.

Gleich ihr wollt' ich zu nützen und zu laben
Zum Korbe meine Blumenbeute bringen:
Hier ist das Wachs und einige süße Waben.

Johannes Schrott

Als den Thyrsis eine biene gestochen

Die schöne Doris schlief, als eine biene flog
Und süßen honig-safft aus ihren rosen sog,
Darauf in stiller eil sich zu dem Thyrsis machte
Und einen bittern stich in seine lippen brachte,
Es ist dem faulen kerl auch recht dadurch geschehn.
Denn warum hat er sich nicht besser vorgesehn.
Er hätte, wenn er selbst nur honig haben wollen,
Der muntern bien allhier die müh ersparen sollen.

Gottlieb Stolle

Auf eine von ihr getödete biene

Als unlängst eine zarte biene
Die schöne Sylvia auf ihre lippen stach,
Und nun begriffen war sich weiter zu begeben,
So folgt ihr Sylviens erzörnter finger nach,
Und brachte sie durch einen druck ums leben.
Doch allzuwohl vergoltner stich!
Wer wäre glücklicher als ich?
Wenn ich von ihr dergleichen gunst erwürbe,
Und also an der thür des paradieses stürbe.

Gottlieb Stolle

Biene

Auch ein Räuber ist die Biene,
Und ein Dolch ist ihre Wehr;
Vor sich hin ein Liedchen summend
Streift sie in dem Land umher.

Wehe allen Blumenkindern,
Die auf ihrer Streife blüh'n!
Denn der Räuber wird sie plündern
Und beladen heimwärts zieh'n.

Heimwärts zieh'n im stolzen Fluge,
Klüfte durch und Dickicht durch;
Tief im Wald die hohle Buche
Das ist seine Räuberburg.

Doch als echter Erzbandite
Hat er auch ein süßes Lieb,
Denn das war bei Räubern Sitte
Eh' man den Rinaldo schrieb.

Seine Liebste heißt auch Rose,
Die er oft und zärtlich küßt;
Und er schläft in ihrem Schooße,
Wenn er müd' vom Küssen ist.

So von Liebe süß geborgen
Und von Liebe zugedeckt,
Schläft er ruhig bis zum Morgen,
Bis ihn seine Rosa weckt.

Friedrich Stoltze

Abseits

Es ist so still; die Heide liegt
Im warmen Mittagssonnenstrahle,
Ein rosenroter Schimmer fliegt
Um ihre alten Gräbermale;
Die Kräuter blühen, der Heideduft
Steigt in die blaue Sommerluft.

Laufkäfer hasten durchs Gesträuch
In ihren goldnen Panzerröckchen,
Die Bienen hängen Zweig um Zweig
Sich an der Edelheide Glöckchen;
Die Vögel schwirren aus dem Kraut –
Die Luft ist voller Lerchenlaut.

Ein halbverfallen niedrig Haus
Steht einsam hier und sonnbeschienen;
Der Kätner lehnt zur Tür hinaus,
Behaglich blinzelnd nach den Bienen;
Sein Junge auf dem Stein davor
Schnitzt Pfeifen sich aus Kälberrohr.
Kaum zittert durch die Mittagsruh
Ein Schlag der Dorfuhr, der entfernten;
Dem Alten fällt die Wimper zu,
Er träumt von seinen Honigernten.
Kein Klang der aufgeregten Zeit
Drang noch in diese Einsamkeit.

Theodor Storm

Der neugierige Imker

Er guckt um vier schon früh am Morgen,
und spät am Abend guckt er noch:
Guckt mit Vergnügen, guckt mit Sorgen,
guckt in die Gassen, guckt ins Loch.

Er guckt, wenn scharf die Stürme gehen.
Er guckt nach Überfluß und Not.
Er guckt, wenn lau die Lüfte wehen.
Er guckt die armen Tierchen tot.

Franz Xaver Tobisch

Lorscher Bienensegen

Kirst, imbi ist hûcze
Nû fliuc dû, vihu mînaz, hera
Fridu frôno in munt godes
gisunt heim zi comonne
Sizi, sizi, bîna
Inbôt dir sancte Maria
Hurolob ni habe dû
Zi holce ni flûc dû
Noh dû mir nindrinnês
Noh dû mir nintuuinnêst
Sizi vilu stillo
Uuirki godes uuillon

Christ, der Bienenschwarm ist draußen!
Nun fliegt, meine Bienen, kommt.
Im Frieden des Herren, im Schutz Gottes
kommt gesund zurück!
Sitzt, sitzt, Bienen!
Das Gebot kommt von der Jungfrau Maria.
Ihr habt keinen freien Tag,
Nicht in den Wald fliegt.
Weder sollt ihr mir entgleiten,
Noch vor mir flüchten.
Sitzt im ganz Stillen
und erfüllt Gottes Willen.

unbekannt

Wie freut mich's, daß ich Imker bin

Wenn ich vor meinem Stande steh'
und meine Bienen fliegen seh',
so denk ich oft in meinem Sinn,
wie freut mich's, daß ich Imker bin.

Steh' mit der gold'nen Sonn' ich auf,
sind meine Bienen längst wohlauf;
sie fliegen emsig her und hin,
d'rum freut mich's, daß ich Imker bin.

Und wenn mein Tagewerk vollbracht,
zur Ruhe winkt die stille Nacht,
leg' ich mich selig träumend hin.
und freu' mich, daß ich Imker bin.

Und so vergeht mir froh die Zeit,
die Bienen werden schwarmbereit,
sie freu'n sich ihrer Königin,
und mich freut's, daß ich Imker bin.

Und wird das Wetter dumpf und heiß,
fließt von der Tanne süßer Schweiß,
schwing ich die Schleuder froh und sing:
Wie freut mich's, daß ich Imker bin.

Wilhelm Wankler

An eine Biene, die mich stechen wollte

Kleine Biene, fliege weiter,
Schwärm´ um Blumen auf der Flur;
Ich bin keine frische Rose,
Bin ein welkend Blümlein nur.

Laß das Stechen, laß das Saugen
Denn du findest keinen Keim,
Draus du könntest still geschäftig
Brauen süßen Honigseim.

Jede süße Lebensregung
Zehrte weg die böse Zeit,
Und mein Herz ist jetzt erfüllet
Nur von Schmerz und Bitterkeit.

Kathinka Zitz-Halein

Inhaltsverzeichnis